W0196102

Johannes Kandel

An deiner starken

Vaterhand

*Gebete und Gedichte
für den Herbst des Lebens*

francke

Über den Autor:

Dr. Johannes Kandel ist Politikwissenschaftler und Historiker. Bis zu seiner Pensionierung im Jahr 2014 war er Dozent und Akademiedirektor im Bereich Politische Erwachsenenbildung bei der Friedrich-Ebert-Stiftung.

Bibliografische Information Der Deutschen Bibliothek
Die Deutsche Bibliothek verzeichnet diese Publikation in der Deutschen Nationalbibliografie; detaillierte bibliografische Daten sind im Internet über http://dnb.ddb.de abrufbar.

ISBN 978-3-86827-571-1
Alle Rechte vorbehalten
© 2016 by Verlag der Francke-Buchhandlung GmbH
35037 Marburg an der Lahn
Umschlagbild: © iStockphoto.com / Andrew_Mayovskyy
Bildmaterial im Innenteil:
© www.fotolia.de: S. 6 Givaga; S. 8 BillionPhotos.com;
S. 11 Eric Gevalert; S. 12, S. 66 Jenny Sturm; S. 13 pure-life-pictures;
S. 16 sborisov; S. 19 Kavita; S. 22 Olha Rohulya; S. 24 sp4764;
S. 26 babsi_w; S. 29 kesipun; S. 30, S 53, S. 60 Smileus; S. 32, S. 57 GIS;
S. 35 rolandbarat; S. 36, S. 43, S. 58 Givaga;
S. 38 jiriehmann; S. 40 F@natka; S. 49, S. 50, S. 54 panaramka;
S. 62 Biletskiy Evgeniy; S. 64 Riccardo Piccinini; S. 68 noomhh;
S. 70 jojjik; S. 72 Micky Zappa; S. 44, S. 74 james_wheeler;
© iStockphoto.com: S. 20 Peter Burnett;
S. 46 Creativeye99; S. 76 konradlew
Umschlaggestaltung: Verlag der Francke-Buchhandlung GmbH /
Sven Gerhardt
Satz: Verlag der Francke-Buchhandlung GmbH
Printed in Czech Republic

www.francke-buch.de

Inhalt

Dank

Ich durfte, Herr, in vielen Jahren,
Deine Barmherzigkeit erfahren.
Du hast mich stets mit Deiner Macht
Behütet auch in tiefster Nacht!

Wenn ich auch keinen Ausweg sah,
So warst Du mir doch immer nah.
Du zeigtest mir den neuen Pfad,
Gabst mir den guten sich'ren Rat!

Ich steckte tief in meinen Sünden,
Wollt ohne Dich das Leben finden.
Ich habe Dich so oft betrübt
Und trotzdem hast Du mich geliebt!

Ich lerne jetzt, Dir zu vertrauen,
Auf Deinen Weg mit mir zu schauen.
Ich leg mich ganz in Deine Hand,
Bis Du mich führst ins Heimatland!

Die Lebensuhr

Unaufhaltsam rinnt der Sand
In den Bauch der gläsern' Uhr.
Und ich schaue wie gebannt,
Welches Gleichnis zeigt sich nur?

Unser Leben rinnt dahin,
Wie der Sand vom Wind getrieben.
Schmerzerfüllt kommt mir's in Sinn,
Wo ist die Lebenszeit geblieben?

Am Ende schauen wir zurück
Auf viele Wege, die wir schritten.
Auf frohe Jahre und viel Glück
Und manche Not, die wir erlitten.

Und wenn das letzte Korn versinkt,
So darf uns doch nicht grauen.
Der Stern der Ewigkeit uns blinkt,
Gott dürfen wir vertrauen.

Er hat uns sicher doch geleitet
Durch alle Jahre unseres Lebens.
Hat uns den geraden Weg bereitet,
Wir lebten nicht vergebens!

Allmacht

Wir glauben und bekennen,
Dass unser Gott allmächtig ist.
Wir dürfen seinen Namen nennen:
„Du unser Herr und Meister bist!"

Du hast den Plan für unser Leben,
Führst uns gewiss auf geradem Weg.
Du hast uns Dein Wort gegeben,
Bewahrst uns auch auf glattem Steg!

Doch oftmals fragen wir auch bang:
Wohin, Herr, führst Du uns hinaus?
Unsicheres Warten wird uns lang.
Dann wünschten wir, wir wär'n zu Haus!

Doch unsere Zeit ist nur in Deinen Händen,
Wir müssen uns nicht sorgen Tag für Tag.
Du bist ja da an allen Welten Enden,
Wir staunen stets, was Deine Kraft vermag!

Du kannst uns heilen von Gebrechen,
Dem Satan wehren, wenn er uns versucht.
Du wirst uns immer wieder Trost zusprechen,
Wenn man die Gläubigen verflucht.

Wir können niemals tiefer fallen
Als nur in Deine Allmachts-Hand.
Wenn uns dann einst die Glocken schallen,
Sind wir am Ziel im Heimatland!

Herbst des Lebens

Ich höre schon das Herbstesrauschen,
Ein kalter Wind zerstäubt den Regen.
Vergangenen Zeiten will ich lauschen,
Im Geiste geh'n auf alten Wegen.

An unbeschwerte Spiele will ich denken,
Im Garten mit der Geschwister Schar.
Noch einmal mir das Glück des Kindes schenken,
Wenn Mutter strich mir übers Haar.

Noch einmal fröhlich mit der Jugend Übermut
Hinauszuziehen in unbekannte Welten.
Noch einmal spür'n der ersten Liebe Glut
Und schau'n empor zu fremden Himmelszelten.

Noch einmal Vaterglück durchleben
Und stolz auf meine Söhne sein.
Noch einmal nach den Sternen streben,
Erfüllt vom Traume hellsten Schein.

Noch einmal glücklich in froher Runde
Mit meinen Freunden zusammen sein
Und mit ihnen zu später Stunde
Singen und lachen bei gutem Wein.

Noch einmal ziehen in die Ferne,
Fremde Länder kühn bereisen.
Aufschauen zu des Südens Sterne
Und forschen nach dem Stein der Weisen.

Noch einmal froh Applaus anhören,
Der mir einst galt als höchster Lohn.
Noch einmal achten auf die Lehren,
Was gut und schlecht vor Gottes Thron.

Du, Herr, kennst alle Spuren meines Lebens,
Schaust meine Lebenslinien an.
Siehst auch die Wege falschen Strebens
Und hast noch immer Deinen Plan!

Ich bitt Dich, Herr, um Dein Geleite,
Wenn Du mich rufst in lichte Höhn.
Dann zeige mir die göttlich Weite
Und lass mich dankbar vor Dir steh'n!

Am See

Blanke Fläche, Wasserfluten,
Menschen rufen, Dampfer tuten,
Überall nur frohe Mienen
Von der Sonne sanft beschienen.

Schöne Schöpfung hier am See,
Doch in mir brennt Seelenweh.
Hier lachte mir das Erdenglück,
Mit Wehmut denke ich zurück.

Trotz aufgezwungener Einsamkeit,
Gilt es jetzt doch in Dankbarkeit,
Vergangene Tage zieh'n zu lassen,
Die Zukunft mutig zu erfassen!

Der Herr ist mit mir alle Tage
Und sind sie auch oft bloße Plage.
Er bleibt mir treu, ist immer da,
Hilft mir stets durch und ist mir nah.

Jeder Morgen

Jeder Morgen ist von Neuem
Ein Geschenk von unserem Herrn.
Jeder Morgen ist zum Freuen,
Denn unser Gott ist niemals fern.

Jeder Morgen lässt uns hoffen
auf Dein Geleit am Tage.
Jeder Morgen ist zukunftsoffen,
bringt Freude und auch Klage.

Jeder Morgen wird zur Frage,
wie es denn weitergehen soll.
Jeder Morgen birgt manch Plage,
gießt unseren Leidensbecher voll.

Doch jeder Morgen zeigt uns immer,
dass Deine Gnade nie vergeht.
In jedes Morgens Dämm'rung Schimmer,
sprech ich ein leises Dankgebet.

Baumallee

Leicht ab fällt der Weg,
Eingesäumt von grünen Bäumen,
Öffnet sich zu weiten Räumen.

Ich schaue weit hinab,
So weit ich schauen kann.
Der Weg, er endet. Wo und Wann?

So eingesäumt läuft unser Leben,
Von Leid und Freuden ohne Zahl,
Von Liebe und der Liebe Qualen.

O Herr, so säume Du uns ein
Mit Deiner Gnade, Deinem Segen.
Hilf, dass wir getrost in Deine Hand uns legen!

Wege

Es führen Wege weit uns fort,
Fernab von unserem Heimatort.
Und wenn wir in der Fremde reisen,
Will Gott uns gute Wege weisen.

Er zeigt in unserem Lebens Lauf
Uns seine geraden Wege auf.
Kommt eine Kreuzung, bete still,
Frag nach, was Gott Dir sagen will.

So oft hab ich mich auch verirrt,
Bin blind gelaufen, ganz verwirrt.
Der Satan trat mir in den Weg
Und lenkte mich auf bösen Steg.

So trat ich fehl, fiel in Morast,
Doch Gott hat meine Hand gefasst.
Er zog mich auf den Weg zurück,
Ich dankte ihm für dieses Glück!

Jetzt zieh ich froh durch dieses Land,
An seiner starken Vaterhand.
In seine Hand woll'n wir uns legen,
So geh'n wir sicher allerwegen.

Herbstgedanken

Die schönen Tage sind dahin,
Noch zittert Wärme im Geäst.
Ich danke Gott, dass ich noch bin,
Und weiß, dass er mich nie verlässt.

Ein warmer Sommer sagt Adé,
Bald deckt die Erde bunte, trockne Blätter.
In mir ist großes Herbstesweh
Und düst're Wolken künden böses Wetter.

Ich will mich vor dem Winter noch
In Deine Hände legen.
Du holst mich aus der Tiefe doch,
Schenkst mir Deinen Segen.

Das finstere Tal

Ich wandere durch ein finst'res Tal,
Felswände ragen hoch hinauf.
Der steile Pfad wird mir zur Qual,
Hemmt meines Fußes Lauf.

Im Dämmerlicht kein Sonnenstrahl,
Nur dichter feuchter Wald.
Glänzende Moose ohne Zahl,
Ein Nebel weiß und kalt.

So geht mein Lebensweg dahin,
Darf ich noch Hoffnung finden?
Ich suche nach der Leiden Sinn,
Doch kann ich's nicht ergründen.

Allmächt'ger Gott wehr doch der Not,
Lass dunkle Schatten weichen.
Reiß mich aus diesem Seelentod,
Gib mir ein Hoffnungszeichen!

So bitt ich Dich und Du hörst zu
Wie schon vor tausend Jahren.
Du gabst den zagend Seelen Ruh,
Wie es Dein Volk erfahren.

So willst auch Du mit Deiner Gnad
Mich armes Kind begleiten.
Du führst mich auf den hellen Pfad,
In neue, heile Zeiten.

Versagen

Ein jeder kennt die schlimmen Stunden,
Wenn uns die Sünde wieder quält.
Es brechen auf die alten Wunden,
Wir sehen nur, wo wir gefehlt.

Gedrückt sind wir von Schuldgefühlen,
Die uns lähmen alle Tage.
Was bringt's Vergang'nes aufzuwühlen,
Als nur neues Leid und Plage?

Wir sollten endlich stille werden
Und im Gebet zu Jesus gehen.
Auf ihm lag alle Schuld der Erden,
Lasst uns vertrauend auf ihn sehen!

Vergebung hat der Herr versprochen,
Gerecht ist er und immer treu.
Niemals hat er sein Wort gebrochen,
Nimmt weg die Sünd', macht alles neu!

Anbetung

Du bist mein Fels, die Burg, mein Heil,
Lässt mich stets neu erfahren,
Dass ich an Deinem Schutz hab Teil,
Bewahrst mich vor Gefahren.

Du hast getragen meine Schuld,
Niemals kann ich's vergelten.
Ich bleib in Deiner göttlich' Huld,
Darf ruh'n in Deinen Zelten.

Ich ruf zu Dir, mein Retter, Du,
Komm bald zurück auf Erden.
Ich sehne mich nach Deiner Ruh
Und Deinem ew'gen Frieden.

Krankheitsnot

Ein bleicher Mond ist aufgegangen,
Erhellt das finst're Krankenzimmer.
Hier lieg ich schmerzerfüllt gefangen,
Erwarte bang des Morgens Schimmer.

Gedanken plagen meine Seele:
Werd ich gesund, bleibst Du mir treu?
Ich will ja nicht, dass ich mich quäle,
Doch Düsternis umhüllt mich neu.

Ich will mich auf Dein Wort verlassen,
Hab Deine Gnade doch gespürt.
Der kalte Tod durft' mich nicht fassen,
Ich hab Dein heilig's Gewand berührt!

Ja, Herr, in allen dunklen Stunden,
In denen ich zu Dir gefleht,
Hast Du Dein Kind gesucht, gefunden,
Der große Gott, der mit mir geht!

So will ich nun die Augen schließen
Und heilsam Schlaf wird mich umspinnen.
Die Sonne wird mich morgens grüßen,
Ich darf das Leben neu beginnen!

Hadern mit Gott

Gott, bist Du fort in diesen Tagen?
Gott, hörst Du nicht mein lautes Klagen?
Ich schrei zu Dir in höchster Not!
Und fürcht mich vor dem bitt'ren Tod.

Kannst Du denn schweigen und nichts tun?
Bleibst Du im Himmel, um zu ruh'n?
Rührt Dich denn nicht mein großes Leiden?
Soll ich tatsächlich nun hinscheiden?

Gibst Du mir Sünder eine Chance:
Bring ich mein Leben in Balance!
Doch schließlich gilt, wie ich's schon sehe,
Dein Wort und auch Dein Will' geschehe!

So nimm mich nun in Gnaden an,
Vergiss, was Böses ich getan.
Führ mich auf Wegen nah und weit
Bis endlich in die Ewigkeit!

Unruhe

Kennst Du die endlos langen Stunden,
Die Zeit, die nicht vergehen will?
Wenn schwere Lasten Dich verwunden,
Das Schuldgefühl nie schweiget still?

Wenn Du Dein Herz hörst bänglich schlagen?
Ein dumpfes Klopfen, angsterfüllt!
Und wenn Du denkst mit furchtsam' Zagen
An Deinen Morgen, noch verhüllt?

Bist Du dem Unheil preisgegeben?
Verrinnt, verlöscht die Lebenskraft?
Du willst so gerne glücklich leben,
Befriedigt schau'n, was Du geschafft.

Ich ruf Dich an, Du Herr der Welten,
Nimm doch die Angst von meiner Seele.
Führ mich durchs Tal zu Deinen Zelten
Und lenk den Schritt, dass ich nicht fehle.

Du hast die Angst doch überwunden,
Die Du gefühlt in höchster Not.
Hast ausgehalten Deine Wunden
Und dann besiegt den bitt'ren Tod!

Ich möchte Dir so ganz vertrauen,
Um Heilung bitt ich Tag für Tag.
Komm ich vom Glauben einst zum Schauen,
Bricht an das Ende jeder Klag.

Gott und das Leid der Welt

Wir können es oft gar nicht fassen,
Warum kann Gott uns leiden lassen?
Der Zweifel schleicht sich bei uns ein,
Verzweiflung lässt uns laut aufschrei'n!

Wir ernten häufig Hohn und Spott,
Man fragt uns: „Wo ist euer Gott?"
Warum lässt er das Leid geschehen?
Will er unsere Not nicht sehen?

Macht er denn seine Augen zu,
Verharrt in tiefer Seelenruh?
Zürnt er uns wegen unserer Sünden
Und lässt sich deshalb nicht mehr finden?

Das sind ganz tiefe, ernste Fragen,
Die wir seit Adam mit uns tragen.
Gott wird einst auf sie Antwort geben,
Wir werden sie hören im neuen Leben!

Doch noch sind wir in dieser Welt,
Trotz Leid hat Gott sie doch erhellt.
Hilf uns, o Herr, Dir zu vertrauen,
Auch angesichts von Leid und Grauen!

Du leidest mit uns, hilfst uns gehen,
Wenn sprachlos wir das Leid ansehen.
Du tröstest uns in tiefer Nacht,
Richtest uns auf mit Deiner Macht!

So wird uns einst ganz inne werden,
Was uns entsetzte hier auf Erden.
Wir werden Dich, o Herr, versteh'n,
getrost an Deiner Seite geh'n!

Zweifel

Es gibt so manche trübe Tage,
Wenn uns der Zweifel überfällt.
Das ganze Leben wird zur Frage
Und unerklärlich unsere Welt.

Warum nur siegen dunkle Mächte,
Spreizen sich frech in hellem Licht?
Warum gibt's Herren über Knechte,
Warum sieht Gott das Elend nicht?

Warum führen Menschen Kriege,
Verbreiten Angst und bitt'ren Tod?
Verblasst die Wahrheit hinter Lüge,
Wird verleugnet Gottes Gebot.

Warum nur müssen Christen leiden,
Die Du doch so gesegnet hast.
Warum obsiegen oft die Heiden
Und drücken uns mit schwerer Last?

Du weißt es, Herr, und wirst es zeigen,
Wenn wir vor Deinem Throne stehen.
Bis dahin wollen wir uns neigen,
In Deinem Kreuzeswege gehen.

Du stärkst uns täglich, wenn wir wanken,
Du gibst uns auch im Zweifel Kraft.
Zerbrichst des kleinen Glaubens Schranken,
Bist mit uns auf der Wanderschaft.

Du brauchst Jesus

Wenn die Wand, an die Du starrst,
Bedrohlich immer näher rückt.
Wenn alles, was Du einmal warst,
Als unbedeutend Dir entrückt.

Dann brauchst Du Jesus!

Wenn Freude für Dich nicht mehr zählt,
Vergangene Schuld Dich immer quält.
Die Sünde Dich verklagen will
Und Dein Gewissen nie schweigt still.

Dann brauchst Du Jesus!

Wenn Deine Liebe von Dir geht,
Die Zukunft dunkel vor Dir steht.
Wenn alle Tränen sind geweint
Und Dein Leben sinnlos scheint.

Dann brauchst Du Jesus!

Bitte um Leitung

Hilf mir, Herr, durch diesen Tag,
Was immer in ihm liegen mag.
Bleib bei mir, wie Du zugesagt,
Und tröst' mein Herz, das nach dir fragt.

Nimm jetzt die Angst und alle Sorgen,
Gib mir die Hoffnung für den Morgen.
Ich möchte Dir, o Herr, vertrauen,
Getrost auf Deine Wege schauen.

So hülle Du mich ein mit Deiner Gnade,
Dass ich nicht falle auf dem glatten Pfade.
Bewahre mich vor Satans Listen,
Hilf mir gegen den Verführer rüsten.

Hilf, dass ich nicht an mich nur denke,
Mein Herz auch den Bedürft'gen schenke.
Denen, die so viel entbehren
Und dich trotzdem freudig ehren.

Gott gefunden

Nach Jahren und oft bangen Stunden
Hab ich Dich, mein Herr, gefunden.
Du sprachst zu mir in Deinem Wort,
Ich fand Dich auch am heil'gen Ort.

Du sahst mich gnädig an und hast
Mich sanft an meiner Hand gefasst.
Hast mich geleitet dann in Jahren,
Barmherzigkeit hab ich erfahren.

Dir hab ich mich ergeben,
So leg ich denn mein Leben
in Deine starke Vaterhand,
Bis Du mich führst ins Heimatland.

Das Leben wagen

Wenn alles finster Dir erscheint
Und Deine Seele traurig weint.
Wenn Sorgen Dich ganz niederdrücken,
Willst Du Dich in Dein Fatum schicken?

Nein, das ist nicht, was Gott gebot,
Er, unser Helfer in der Not.
Er bringt uns wieder auf den Weg,
Lässt uns nicht gleiten auf dem Steg.

Wir sollen mutig das Leben wagen,
Er will mit uns die Lasten tragen.
Er ruft uns auf, jetzt loszugehen,
Uns nicht nach rückwärts umzudrehen.

Mit Gott jetzt treten wir ins Leben,
Das er uns freundlich hat gegeben.
Ihm sei die Not der Welt geklagt
Und nun das Leben neu gewagt!

Alle Tage

Der Herr ist bei uns alle Tage,
So sagt es uns das Bibelwort.
Und in den Stunden lauter Klage,
Ist er bei uns am Leidensort.

Ja, er wird uns niemals verlassen,
Auch wenn wir uns verlassen seh'n.
Er ist bei uns, wird uns erfassen
Und treue allzeit zu uns steh'n!

So bleibe Seele ganz zufrieden,
Anbetend in des Herren Ruh'.
Sein Segen kommt zu uns hienieden
Und decket alle Unrast zu.

Gnade

Ich geh in Deiner Gnadenspur,
Bei Dir, o Herr, geborgen nur.
Nimm mich an Deine starke Hand,
Führ sicher mich ins Heimatland!

Ich darf am Morgen froh aufstehen,
Mit Deinem Wort ins Leben gehen.
Was immer mir begegnen mag,
Du bist ja bei mir, jeden Tag!

O Herr, ich preise Deine Gnade,
Du leitest mich auf geradem Pfade.
Zeigst mir die Lebensrichtung an,
Mit Dir getrost ich laufen kann!

Herbstesnahen

Es sagt ein Sommer sanft Adé,
Die ersten Blätter fallen sacht.
Im Abschied fühle ich das Weh,
Des nahen Herbstes kühle Macht.

Es war so schön in meinem Garten,
Im Sonnenschein erblüht, erwacht.
Jetzt bleibt mir nur noch banges Warten:
War alles wirklich gut bedacht?

Ich habe oft im Sommertraume,
So manches Unkraut nicht gesehen.
Die Blätter an dem Hoffnungsbaume
Ließ ich mit leichtem Sinn verwehen!

Vergib, o Gott, dass ich die Zeichen,
Des nahen Herbstes nicht verstand!
So stell Du jetzt die Lebensweichen
Und leite mich auf grünes Land!

Bange Nacht

Wenn die Lichter langsam schwinden
Und es Nacht wird in dem Raum.
Lässt das Dunkel uns verkünden
Schlafesfluchten, düster'n Traum.

Finsternis zieht vor den Fenstern,
Deckt die endlos lange Nacht.
Und die Furcht vor Schuldgespenstern
Hält uns auf in banger Wacht!

Doch auch in den dunklen Zeiten
Wird der Vater mit uns sein.
Will durch alle Ängste leiten,
Leuchtet uns mit hellem Schein!

Ja, wir sind in ihm geborgen,
Er sieht uns, wie wir zweifelnd flehen.
Sollten uns nicht immer sorgen
Und getrost zu Jesus gehen!

Endzeitstimmung

Ein kalter Nebel steigt herauf,
Verhüllt die stillen Gassen.
Die Farben meines Lebens Laufs
Beginnen zu verblassen.

Deckt mich jetzt bald die ew'ge Nacht?
Des Schlafes tiefster Frieden?
Ein sanfter Engel mich bewacht?
Schließt er das Tor hienieden?

Ich gebe mich als armes Kind
In Deine treuen Hände.
Ich sehe Dich und bin doch blind,
Hältst Du mich fest am Ende?

Werd ich dann schauen, wer Du bist?
Und werde ich verstehen?
Du liebst, was schwach ist, Jesus Christ,
Versprichst, mit mir zu gehen!

An Deiner Vaterhand

Wohin sollten wir uns wenden,
Wenn das Leid uns übermannt?
Die wahre Hilfe wir nur fänden
An Deiner starken Vaterhand!

Wenn Sorgen uns schwer niederdrücken,
Die Angst hoch wächst wie eine Wand,
Geh'n wir getrost mit geradem Rücken
An Deiner starken Vaterhand!

Wenn liebe Menschen uns verlassen
Und andere kalt sich abgewandt,
So können neuen Mut wir fassen
An Deiner starken Vaterhand!

In Gnade und Barmherzigkeit
Hast Du uns Deinen Sohn gesandt.
Wir wandern in die Ewigkeit
An Deiner starken Vaterhand!

Unsere Buchtipps für Sie

Brunhilde Ludewig
Gebete für schwere Stunden
ISBN 978-3-86827-199-7
80 Seiten, gebunden

Ein wertvoller Begleiter in schweren Zeiten.

Wenn die Not überhandnimmt, wenn die Sorgen quälen und die Tränen nicht versiegen, dann schlägt Gottes Stunde. Er schenkt uns sein Ohr, gerade dann, wenn unser Herz schwer ist. Aber was, wenn uns einfach kein Gebet über die Lippen kommen will?

Die vorliegenden Gebete laden zum Nachsprechen in schweren Zeiten ein. Wer sich mit seinen Anliegen an Gott wendet, der wird getröstet und empfängt Kraft. Kraft von oben – ob in Zeiten der Trauer oder vor einer Operation oder in Zeiten der Zweifel und der Anfechtung.

Steffi Baltes
Die Schöpfung jubelt dir zu
24 geistliche Impulse aus der Natur
ISBN 978-3-86827-472-1
192 Seiten, gebunden

Ein Blick auf die Vielfalt unserer heimischen Tier- und Pflanzenwelt zeigt uns, wie wundervoll Gott die Natur geschaffen hat. Aber nicht nur das. Wir können auch von ihr lernen. In jedem Geschöpf finden wir etwas Besonderes, durch das der Schöpfer zu uns sprechen möchte.

In 24 geistlichen Impulsen stellt Steffi Baltes je ein spezielles Charakteristikum eines Tieres oder einer Pflanze vor, das uns in unserem Glauben inspirieren kann. Persönliche Beispiele ermutigen uns, dem Schöpfer aller Dinge (neu) nahezukommen.

Ein Buch für alle, die Tiere und die Natur lieben. Eine Einladung, über das Geschenk der Schöpfung nachzudenken. Eine Anregung zum Freuen, Loben und Beten.

Sabine Herold
Die Schatztruhe unseres Lebens
*Vom Wert des Schönen
und Schweren*
ISBN 978-3-86827-499-8
256 Seiten, gebunden

Sie ist gefüllt bis an den Rand: die Schatztruhe unseres Lebens. Alle unsere Erfahrungen und Erlebnisse, Wünsche und Träume, Fehler und Verletzungen sind darin gesammelt. Sabine Herold, die bekannte Pfarrerin, Autorin und Referentin, lädt uns ein, in diese Schatztruhe hineinzuschauen. Mit vielen anschaulichen Lebensberichten und persönlichen Fragen hilft sie dabei, die verschiedenen Lebensphasen zu überdenken, zu verarbeiten und aus Gottes Perspektive zu sehen. Ein wertvolles Buch für die persönliche Reflexion, aber auch für Mitarbeitende in Seelsorge und Gemeinde.